날개 2

날개 2

초판 1쇄 인쇄 • 2018년 12월 20일

지은이 • 서청영원

펴낸이 • 이승훈

펴낸곳 • 해드림출판사

주 소 • 서울 영등포구 경인로82길 3-4(문래동1가 39)
센터플러스빌딩 1004호(우편07371)

전 화 • 02-2612-5552

팩 스 • 02-2688-5568

E-mail • jlee5059@hanmail.net

등록번호 • 제2013-000076

등록일자 • 2008년 9월 29일

* 책값은 표지에 있습니다

* 잘못된 책은 바꿔드립니다

ISBN 979-11-5634-318-9

날개 2

서청영원 시집

해드림출판사

서문

인생을 돌아보면 회한이 앞선다

자신에게 주어진 현실에서 행복을 추구하고 노력해야 하는데 그렇게 하지 못한 것은 심리적인 요인이 크게 작용했다는 것을 부인할 수 없다.

한국에는 오늘도 수많은 자영업자가 생겨났다가 사라진다. 게다가 어떤 분야에서는 전체적으로 공정하지도 않고 필요 이상의 횡포를 조장하는 세력이 존재하는 것도 사실이다.

그동안 생존 문제의 어려움에 처해서 안정감이 부족해 시를 쓰지 못했다.

어느 정도 심리적인 여건이 되었지만 평범하지 않은 주변 상황 때문에 다소 혼란스러운 분위기의 마음이 드러났다.

하지만 작품 소재와 배경 대상의 다양성 측면도 필요하므로 다소 아쉬운 마음이 있지만 발표하기로 했다.

인생은 연륜이 쌓여갈수록 정도의 차이가 있겠지만, 일반적으로 때가 묻기 마련이다. 정신적이거나 현실적인 면이거나 상처를 인정하고 받아들일 수 있는 여지가 생겨나는 것이 자연스러운 것이리라.

늦었지만 약해져 가는 가을 햇살처럼 사랑과 행복을 누리고 싶다.

이것이 과욕인가?

목차

제 1 장 그대

제 2 장 감정

제3장 사랑

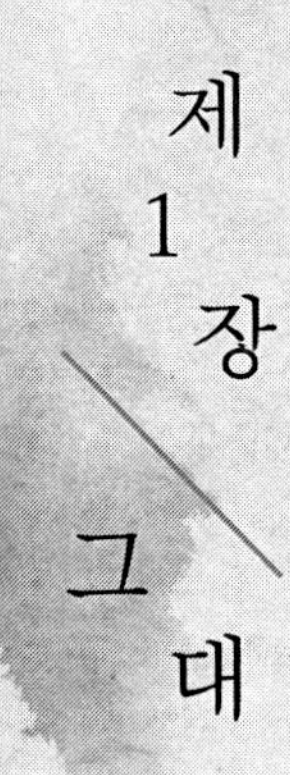

제1장 그대

그대의 손길

새해에 접어들자
그녀의 집이
오랫동안 수리 중이기에
알 듯 말 듯 희미하게
그 마음이 다가오는 듯하네요

봄이 지나고 여름의 어느 날
당신의 체취를
가까이 느낄 수 있었습니다

하지만 내 마음은
탄생 이후 지금까지
다양한 구도의 체험들이
대부분 불리한 장애 요인으로 작용해
쉽게 움직일 수 없었어요

겨울에 가까이 다가갈수록
렌즈를 거쳐 집약되는 빛처럼
그대에게로 이동해
점점 뜨거워져요.

에버라인

그녀를 만나러
처음 용인으로 갔을 때
눈보라에 휩싸여
앞이 잘 보이지 않아 돌아왔다

내 행적이 그렇듯이
오늘도 디엑스라인*을 거쳐
전철 세 번을 갈아타고
에버라인으로 갔다

청춘의 대부분을
고독과 그리움의 질곡 속에서
끈질기게 살아왔는데

이렇게 늦은 세월에

어제는
또 상상으로만 가능한
사랑의 행적을 남겼네요

이제 에버라인에서
실재하는 사랑의 장소로 나아가
언제까지나 변치 않는
사랑으로 머무르기를!

*DX라인: 신분당선 연장선

그대에게 가는 길

하늘이 눈을 뿌리다가 그친
어느 날 오후
그대가 있다는 에버랜드로
찾아갔습니다

나지막한 작은 산
그 산에 인접한 도로

메타세쿼이아가 줄지어 늘어선 곳
햇발이 엷게 비추는 눈길을 밟으며
그대에게로
걸어갔습니다

내 행적이 그렇듯이 전면에서 측면으로
어떤 일면에서는

형식적인 시각에서 본질적인 의미의 무대로
서서히 걸어
마음도 함께 그대에게로
진입하였습니다.

별과 그대

그대는 평범한 이미지에서 조금 거리가 있는
반짝이는 별이다

그렇게 생각했을 때
어쩌면 자신도
또 다른 아류의 별리라는 걸
알게 되었어요

어떤 측면이든지
현실의 보편적 대상에서
조금 떨어진
서로 다른 개성의
빛나는 물체

대상의 포용성과

넓은 시야
그 아름다움을
함께 수용해요.

빛나는 그대

신선한 바람 속 그대
희미한 자태도
사랑에 대한 성향도
모두가 빛나는 존재

남해에 쏟아지는
햇살 같은 그대에게
뭉게구름이 가려
가깝지만 오랫동안
멀리 있었네요

그대가 안개 속 홀로 남겨져
시야가 가려져 있었던 것은
그만큼 빛나는 존재이기 때문이에요

오랫동안 격리된 만큼
마음을 가다듬고
열심히 주시하며 추구하고
대로는 그윽이
때때로 매콤하게
서로 사랑해요.

내게로 온 별

혜성을 관측하는 텔레비전 보도를 보니
오래전 그때의 기억이 새롭다

삼삼오오 외로운 중년 남녀들이 모여서
유성비가 쏟아지는 것을 볼 수 있는 좋은 기회라며
들뜬 마음으로 두런거리던
그때의 상황이 생각난다

외롭지만 뾰족한 대책도 없는
자신들의 처지를 위로받을 상징이라도 되는 듯이
포장마차에서 소주잔을 기울이며
유성을 기다리던 그 마음이 느껴졌었다

도시 외곽의 계곡과 거친 길을 배회하며
무언가를 기대하며

기다리던 그 대상의 상징

그때 그 유성처럼
나에게로 떨어져 내린 그대여
조금 늦었지만
어쨌든
행복한 결말!

에버랜드

그대가 투영된 모습을 보았을 때
실현성이 어려운
또 한 번의 그림자 사랑이 될 듯해
망설여졌습니다

우리의 상징적 존재 이미지
에버랜드
그 지역에 가까워지자
언젠가 그대를 생각하며
혼자 이곳에 왔었다는 것을
알게 되었습니다

다시 찾은 에버랜드
회사 건물 어귀에 있는
정원수를 보니

그때 기억이 확실해졌습니다

가느다란 가지에
촘촘하게 열매가 영근 관상수
천 개가 될 듯
저 붉은 열매
저 열매처럼
사랑도 생활도 꿈의 실현에도
수많은 창의적 열매를
우리 함께
만들어요.

그대

그대는 작은 섬나라 공주처럼
현실적으로는 풍족하지만
심리적인 행위의 반경이
자유스럽지 못해
외롭고 불행한 여인이라고
생각되어요

잘 알지 못하는
유사한 상황에서는
대부분 강자보다 약자를 선택한
자신이기에
그대는 편안한 대상으로
내 마음 한편에 자리 잡고 있어요

그대는 아름답고 매력 있지만
사랑으로 이어질 대상자가 적은
사랑의 약자

정신적으로 자유스럽고 다감하여
결속성이 자연스러운
내게로 와요

내게로 와요

고향과 가족
세상으로부터 격리된 마음으로
무인도와 정글에서처럼 살아온
많은 날들

오랜 세월의 다사다난한 사연들
질리고 아팠던 상처와 고난의 과정 그 기억들
이 모든 것을 씻어줄 수 있는
그대여
내게로 와요

다정다감한 정감을
어디로 흘려보내야 할지 몰라
슬펐던 수많은 기억

누군가가 곁에 있어야만 마음이 벅차오를 순간에
주위를 돌아보며 아쉬워한 많은 순간들

서러운 내 인생
늦었지만 이렇게 눈길이 마주친
고마운 그대여
내게로 와요.

새해 인사

마음만 에버랜드에 있고
실체의 존재를 알 수 없는
그대에게
새해 인사를 보낸다

화초의 리본에
마음을 담아
숨겨진 뜻을 표현했지만

그대 존재하는 곳이
드러나지 않아
목적 없이 너덜거리는 헛바퀴 인생처럼
갈 곳 없어 헤매다가
어쩌다 의탁할 곳을
찾게 되었네

세상에는 큰 무대에 올려도
잦아드는 바람처럼
영향이 미미한 것도 있고
당당한 주춧돌 밑에
웅크리고 있는 먼지 묻은 보석도
언젠가는 빛날 수 있듯이

그것이 어디에 서 있든지
방향성의 향기를 내뿜어
내 마음이 그대에게로
바람 되어 다가가 전해지기를.

그녀에게로

오늘 정월 대보름
밸런타인데이

그녀가 있는 곳
이미지를 닮은 또 다른 그녀에게
상담을 의뢰하며
비틀스의 노래를 들었네

잡탕스러운 음악과
그러한 바탕의 무대와 장소에
길든 자신이지만
비틀스 곡의 피아노 연주는 달콤했다

그녀를 떠 올리며 듣는
피아노 연주 음악이

황홀하게 감기어 왔다

이 곡에 대해서는 잘 모르지만
음악에 취하니
그대에게 달려가고 싶은
내 마음이
간절해졌다.

좋은 인연

바람과 물결에
밀려다니는 부초처럼
주변의 움직임에 신경이 곤두서고
마음이 안정적이지 못해서
그동안 글을 쓰지 못했는데

언제부터인가
그대가 내 안으로 들어와
그리움과 안정의 중심으로
자리를 잡아
탐색의 시선으로
세상만사를 바라보게 되었습니다

그대와 나
비록 함께 있지는 못하지만

마음속으로는 함께 있어
버팀목이 되어 주고 있기에
가능한 일입니다

그것은 자신에게
어떤 측변의 대상으로 귀결이 될는지
잘 알 수 없지만
무엇보다도 중요한
좋은 징조!
좋은 인연이라고 생각해요.

청계산 답사

원터마을과 청룡마을이 있는 곳에
자리를 잡은 산

하늘을 향해 쭉쭉 뻗은 수목과 활엽수
작은 계곡이 어우러진 곳

꿈을 향해 다가가듯이
좋은 계단이 많은 산

친구와 담소하기도 좋고
연인과 데이트하기도 좋지만
사색하기에도 좋은 산

십여 년 전 그때 겨울 산행에서
앞이 잘 보이지 않는 눈보라 속

신발 끈을 고쳐 매던 그 산에
운동화에 점퍼 차림으로
가을 산에 오른다

함께 올 수 없는 그녀를 위해
마음만은 같이 있고 싶어
자연스럽고 편한 느낌이 드는
청계산으로 다가왔다

주변 환경이 변화된 이곳
사랑스러운 그녀와 함께 하는
첫 산행을
청계산에서 하고 싶어
답사산행을 한다.

함께 달려가요

젊음의 한 때
환호하는 군중 속에서
외로운 이방인으로 서성이던 곳

말이 내달리던 그곳
이제는 울창한 숲으로 둘러싸인
그 공원으로
그대여 오세요

서로 간에 분위기를 닮아
힘겹고 유사한 상황에 직면한 우리
손을 잡고 힘을 합쳐야 해요

또각또각 망설이지 말고 다가와요
길가에

정취를 깊게 하는 소나무와
수풀 속 바위가 있는 곳
가까운 곳에 조성된
경주마 동상을 바라보며
마음을 가다듬어
우리 함께 손을 잡고
말처럼 힘차게 달려가요.

비극

참혹하거나
불행한 짧은 인생을 의미하는
요절이나 비극에 대비하는
적절한 단어는 찾기 어렵다

평균수명에 비해서
짧은 인생을
애석하게 마감할 수는 있으나
그와 대비되는
행복한 오백 년은
살 수가 없기 때문이리라

그대 인생을 자리매김할 때
비통한 비극의 수준이 아니라며
심리적 안정의 그 관점에서

아직은 살아볼 만한 희망이 있는 것이다
또 다른 기회가 있는 것이리라
그대에게도 우리에게도.

새해 선물

지금까지 그대의 주변을 오랫동안 맴돌다가
한 해의 마지막 날
마지막 밤

현관 앞 그대를 닮은 달항아리 속에
선물을 두고 갑니다

좁은 고독의 관을 타고
연결이 된
미니 화병 와이어 스탠드

기나긴 세월
행복하지도 못하고
마음도 육체도 힘겨워 지친
오늘의 자신처럼

어두운 빛깔이 감도는
와이어 스탠드

새해에는
그대의 항아리 속에 마음의 불을 밝혀
미세한 전선을 타고
꺼지지 않고 이어져
언제까지나
언제까지나
뜨겁게 빛나기를!

리셋

한때는 뒤끝이 없는 좋은 성격이라고 했는데
의도적인 무게에 실려
긁어대고 찔러대는 수많은 사람들이 있어
까칠하고 예민한 도시남자가 되었어요

그대와 나 사이에도
복잡한 구도의 다양한 힘이 작용해
다가가는 과정에 있어
시기와 방식의 제한이 있어
어렵고 힘들어요

그대에게 가는 길
그 주변에도
많은 사람들이 으르렁거리며 이빨을 드러내
접근하기가 불편해요

그렇지만 우리 서로 리셋하기로 해요
서로에 대한 인식도 과거도
다가서기 어려워 지친
현재의 심리상태에도
초기화면 이미지로
처음처럼 느끼고 대응하는 그 단계로
리셋해요

그대의 성
그 문을 열기 위해
오랜 기간에 걸쳐 다양한 방법으로
수없이 반목하여 노크했지만
난공불락의 요새처럼
빈옹이 없어 지친 오늘
아직 뜨거운 여름날

가을을 기다리는 길목에서
리셋하기로 해요

그대에게 나에게 세상 사람들에게도
리셋하기로 해요.

열매

일 년 전에 그대에게 보낸 화초가
집 앞을 그대로 지키고 있네요

이름을 알지도 못하는
언제나 잎이 푸른 그 나무에
꽃이 피는 것을
보지도 못했는데
알지 못하는 사이에
작은 별같이 생각
붉은 열매를 맺었네요

내 지난 청춘도
자각할 겨를도 없이
저처럼 피는 줄도 모르고
불운하게 지나갔지만

조금 늦었다 하더라도
붉은 열매가
맺어지기를 원해요

지금까지
세상의 다양한 현장 속
곳곳을 헤집고 다니다가
바닷바람과 파도를 견디고
쓴 물을 삼킨 현재 시점에서
잘못되고 비참하게 상처 입는다 하더라도
다시 일어서겠지만

그대와 함께
가치와 의미를 부여할 대상에
열정으로 추구하고

열매를 맺고 싶어요

저처럼 아름다운
열매를 맺고 싶어요.

달맞이공원

그대가 사는 아파트 15층

가깝지만 닿을 수 없는 그곳이기에
강 건너 불빛을 응시하듯이
언덕 위 달맞이공원에서
그대의 창을
바라보았습니다

마음은 오고 갈 수 있지만
육체는 오고 갈 수 없는
숨바꼭질 같은
도피와 추적의 줄다리기

보이지 않는 끈으로 이어진
질기고 가느다란

우리의 인연

그 누가
어떠한 명분이 있기에
오고 갈 수 없는
보이지 않는 철장 속에
이토록 외롭게
우리를 가두었나요

산책과 운동으로
오가는 아낙과 남정네들의
발길은 자유롭지만
내 마음은 자유롭지 못한 이곳
독서당 길 달맞이공원

뽀글이

가만히 문 앞에 다가서도
나의 존재를 알아차리고
반갑게 짖어대던 너

뽀글뽀글하게 리본으로 묶은 머리
아장거릴 때마다 딸랑이던 방울 소리

다가설 수 없는
그녀와 나 사이에서
언젠가 내 주변을 졸졸거리며
맴돌던 너
너의 이름을 알지 못해
뽀글이라 부른다

상처 입은 사람

그 누구라도
사랑을 주고
치유 받고
위로받은 대상이라면
어떤 존재라도 소중하리라.

꽃 선물

그대에게 이 꽃을 드립니다

그 무엇을 이루기 위해
오랫동안 노력하고
기다려온 사람에게
꽃보다 좋은
선물은 없으리라

의도적으로 쏘아대는
물 폭탄과 같은
폭풍우와 고통을 견디고
상처 입고 지쳐도
오랜 세월 기다려온 그대와 나에게
꽃보다 좋은
선물은 없으리라

거친 협곡과 높은 산등성이를
겹겹이 넘어
절반의 성공을 눈앞에 두고
같은 목적기
해안가에 다다른 우리들

만남의 손을 굳게 잡고
미래의 바다로
함께 나아가요.

다가와요

다가와요
그대에게 백번 다가갈 테니
한 번 한 발자국만 다가와요

우리 인연의 뿌리가
언제부터인지는 모르지만
알지 못하는 사이에
복잡하게 얽혀 있네요

그대가 살던 그곳에
오르내리던 언덕길

그 주변을 맴돌다가
한여름 폭우가 쏟아질 때
잠시 대피했던

한강변 체육공원

봄꽃 피고 지는
많은 날들
그대를 기다리던 금호공원
동대입구 장충단공원

다가와요
백번 다가갈 테니
한 번 한 발자국만 다가와요.

예민한 깜박임

기억의 능력이
우리에게 축복이듯이
잊어버릴 수 있다는 것도
좋은 측면이 있다

터치스크린처럼
들락거린 행적들이
기억되기도 하지만
깜박거리며 잊어버리고
어느 시점에 되살아난다

기억해야 할
필요성을 느끼지 않으면
처음부터 입력이
잘되지 않는다

잊어버릴 수 있는 것은
마음의 치유 능력
그 영역의 한 부분

그대여 우리에게 아무런 도움이 되지 않는
과거와 현재가 있다면
깜박거리며 잊어버리거나
간과하며
행복을 찾아가요.

언제나 그 자리

그대는 멀리서 손짓하지만
다가갈 수 없어
현실은 언제나 그 자리

마음은 서로 교류하며
오고가기를 원하지만
장벽이 있어
애타는 나날들

내 캐릭터가 담긴 드라마는
대상을 바꾸면서
변신하며 나아가는데
자신은 진행성이 정체되어
언제나 그 자리

세월이 흘러
신체도 변모하는데
주변의 근거지는 언제나 그 자리

그대여
분위기가 무르익기를 바라면서
고개를 내밀고 기다리지 말고
작은 것을 깨트리고
함께 달려가요.

독서당 길에서

그대가 있는 곳으로 다가가는 길은 많다
그대 마음에 다가가는 방식도 많다

그대에게 이르는 한적한 아름다운 이 길
독서당 길

그대를 마주 보며 자리 잡은 이곳
꿈을 품은 언덕
부푼 숲의 능선

한강이 내려다보이는 독서당 길 달맞이공원
오늘은 그 길을 돌아오는 내내
슬퍼져서 눈물이 났습니다

청춘의 대부분을

방황과 상처와 고독의 고통 속에 흘려보내고
이렇게 늦게 우리의 내일을 바라보며
이곳을 오르내리는 이 마음이 아팠습니다

태초 이래 사람들은
평범하거나 특별하거나
수많은 행복 수많은 불행
또는 비극의 인생을
자신들의 방식대로 제각기 살다가 갔습니다

스스로 선택하거나 운명적이거나 귀결되거나
그렇게 다르게 살다가 갔습니다

우리 또한 서로의 상처를 어루만지고
과거의 사연을 간직하고 존중하며

다양한 색깔의

가치를 발현하며

삶을 추구해요.

제2장 감정

도미노 감정

내 마음은
현실로 접촉하는 사랑의 바탕
그 안정감이 부족해

조금만 건드리면
수많은 조각이 연이어 쓰러지는
도미노 게임처럼
일시에 허물어지지만
불안한 좁은 면적의 바닥 면으로
버티고 있다

오래전에 그대의 존재를 알았지만
바라보기만 했고
언제부터인가 그대의 마음을 느꼈지만
움직일 수 없었다

하지만 어디에서인가
바람이 불어와
수많은 마음의 조각들이
일시에 그대에게로 쓰러졌다.

북한산

오랜만에
아주 오랜만에
북한산으로 왔다

내 청춘의 한 획이 휩쓸린
산행의 시발점이 된
이곳, 북한산

산길 주변에
아름다운 풍광과 수목으로 가득한 이곳

계곡과 암릉으로 이어지는
거의 모든 것을 갖춘 산

등산학교 시절

도봉산에서 으슴푸레한 여명의 능선을 넘어
하산을 하던 곳

산우와 야영을 하며
새벽에 새소리를 들으며
아침을 맞았던 이 곳

암반에 깊이 박힌
철제 구조물에 몸을 의지하며
정상을 향하여 발길을 내딛는 것처럼

내 인생도 부서지지 않는 튼튼한 그 무엇을
구축하고 의지하며
그곳이 어디쯤인지 알 수는 없지만
끈질기게 한 발 한 발 갈 데까지 가보자.

남산 서울타워

학창시절
수학여행 한 번 가본 적이 없어
상경하자마자 남산부터 찾아가려고 생각했던
이곳

언제였던가
짧은 인연으로 비껴서간
그녀의 친구들과
함께 왔던
남산 서울타워

장난스럽게 게임을 하고
웃으며 다과를 즐기던
전망대 아래층의 추억이 아련하다
아기자기한 흔적은 간데없고

정갈하게 정리된 모습으로 변해
기억조차 희미하지만

자신에게 잠시나마 마음이 머물렀던 그녀에게
다가가지 못하고
그때 그녀를 닮은 여인에게
많은 세월이 지난 지금
이제야 다가서려 하네

아름다운 그녀와 연결된 장소이기에
고독과 회한의 마음을 달래려고
한 번씩 찾아왔는데
만감이 교차하는 중첩된 이 마음
아는지 모르는지
오늘따라 무심한 가을비가 내리네.

다리

지금 아치형 구름다리의 벤치에
걸터앉아 있다

아름다운 노송의 허리가
눈앞에 있고
측면에는 단풍나무와
가을의 전경이 펼쳐져 있다

세상에는 자연적인 다리도
드물게 존재하지만
이곳처럼
좋은 구도의 작품이 되고
그 가치와 필요성을 토대로
다리를 만든 것이
더욱 아름답다

천혜의 자연경관을 자랑하는 계곡 위에
그림처럼 펼쳐진
그런 다리가 아니라 하더라도
그만큼의 가치와 의미를 담아
다리를 구축하는 것은
훌륭한 행위이다

보이는 다리
보이지 않는 다리
연결의 다리
작용의 다리

한마디로 표현하기에는 어렵지만
우리의 사랑을 이어준
그러한 다리는 무엇보다도 중요하다
나에게도 그대에게도 그 누구에게도.

아름다운 편승

많은 세월이 지난 후
내 인생의 과정이나 흔적
그 어떤 것이라도
구겨지거나 더럽혀지거나 삭제되건
아무렇게 쓰레기통에 던져져도 좋다고
냉소적으로 말한 적이 있었다

하지만 증명할 수도 없고
당도하지도 않은 미지의 세계를
스스로 단정할 수는 없고
오늘을 살아가는
그 도정에서의 관점이 중요한 것
생몰의 저편에 대한 인식
알 수 없는 생각을 하는
그 마음이 중요하다

짧은 생을 살아가는
한낱 부족한 인간으로서
자신의 흔적이 기억되고
자손의 번영을 기원하며
그것을 위해 실천하는 행위야말로
삶의 의미추구

그 발전의 원동력이 된다는 것을
부인할 수는 없다.

청소

빌딩 앞 광장 어귀
벤치에 그늘을 드리우는 이름을 알 수 없는 수목에
가을의 빛깔로 잎이 익었네

알록달록한 아름다운 이파리가
낙엽 되어 떨어져
스산한 가을바람에 이리저리 흩날리고
내 마음도 차가워진 바람이 불어와 서걱거리는데
무심한 인부가 있어
긴 막대기를 휘둘러

매달려 있는 잎을 털어 내리네

애써서 털어내지 않아도
자연스럽게 떨어질 것을

어차피 떨어질 운명
청소하려고 쓸어가려 하네

가만히 바라만 보아도 분위기가 무르익는 나뭇잎
쓰레기더미로 몰아가네

나뭇가지에 붙어
아직 살아 있는 존재도
쓸어가려 하네

우리네 인생의 과정에도
저처럼 무언가를 털어내야 할 때가 있다
중독된 취미도 애착에 이른 어떤 미련도
멀어져야만 할 사랑도

아름답지만 또 다른 관점의 가치나 필요에 의해서
지워야 할 때가 있다.

추파

가을 날씨가 차가워져서
이불가게를 찾아갔어요

이불 집 아줌마가
중국에서 왔냐고 묻기에
아니라고 했더니
예쁜 이불 같이 덮고
함께 살자고 하네요

애인이 젊은 미스코리아라고 했더니
좋은데……
입맛을 다시며
분홍색 세사 이불을
슬며시 내미네요

아마도 그녀는

귀여운 푼수인가 봐요.

석촌호수

하늘 높은 곳에서 바라본다면
균형을 잃고 일그러진 거대한 두 개의 눈처럼
자리 잡은 석촌호수

곱게 물든 낙엽을 밟고
가을의 정취를 느끼며
호숫가를 걷고 있는데
저만치 울음소리를 내면서 걷고 있는
거위의 모습이 이채롭다

무심코 걷다 보니
제멋대로 살아온 내 인생처럼
많은 사람들이 걸어가는 그 길
반대 방향으로 걷고 있다는 것을
알게 되었다

그래도 가다 보면
서호의 쉼터
그곳에서는
아름다운 그녀와 이루어질 듯 비켜간
짧은 인연의 기억이 있는 곳

그렇지만 나에게도 가까운 미래에
인생을 함께할
가족이 생긴다면
많은 사람들과 함께
호숫가의 이 길을
같은 방향으로 걷고 싶다.

암벽등반의 추억

등산을 등한시한 이후
오랜 세월 동안
시도해 보지도 못했던 암벽등반

예전에는
꼿꼿하게 서서
주저하지 않고 걸어가던
너럭바위 대슬랩이
낯설고 미끄럽고 조심스러웠다

안전 확보를 위해
줄과 장비를 매달았던 나무와 바위

곳곳에 옛 숨결이 배어있고
출렁거리는 듯 오르내리며

멀어지다가 다잡아가던
릿지 산행의 스릴과 팽팽한 긴장감
그 리드미컬한 묘미가 그리운 데

때로는 죽음의 공포를
온몸으로 느껴
신경이 바늘처럼 곤두섰던 경우도
수차례 경험을 했다

단독산행에서
직벽에 매달려 더 이상 올라갈 수도 없고
내려갈 수도 없는 위험한 상황에 처해
오랫동안 사투를 벌인 적도 있지만
등강기 연결 매듭의
줄길이 길게 연결되어 바둥거리며

매달려 있던 기억도 있다

흔하지 않은 일이라 하더라도
우리 인생사에도
때로는 어려운 산행에서도
위험한 상황에서
그 대상이 자신이던지
사랑하는 사람이던지
대롱대롱 매달린 사람에게
어쨌든 먼저
줄을 끊어야 할 때도 있다.

남산 길

남산골 한옥마을과
작은 터널을 지나면
단풍나무와
많은 종류의 수목들이 어우러진
찬연한 가을의 색
그 이파리들의 잔치

나뭇가지가 도로 위로 드리워져 떨어진
낙엽을 밟으며
굽이굽이 휘어진 길을 걷는다

비는 올 듯 말 듯
분위기는 가라앉아 고즈넉한데
벤치는 있어도
쉬어도 그만

아니어도 그만

가다가 보면
케이블카가 올려다보이는
길가의 작은 폭포가
정겹다

자연스럽고 변화 있는
계단을 오르는데
올라갈수록 비바람 거세어져
낙엽이 흩뿌려지고

계단의 가장자리에는
나무 버팀목에
연인들 사랑의 낙서가

곳곳에 새겨져 있다

남산에 올라
서울타워 아래에는
병풍처럼 길게 이어진 펜스에도
나란히 서 있는 트리에도
수많은 사람의 메시지와
결합의 상징 잠금장치들이
엄청난 벌떼처럼 매달려 있다.

인생을 돌아보게 하는 숲길

하천을 따라 인접한 지역에 조성된
숲과 길

다정한 비둘기 두 마리가
가까이 지나가는 나를 본체만체
무언가를 열심히 찾고 있다

소풍 나온 어린아이들과 시민들
사이클링 하는 일행들이
즐거워하는 곳

단풍과 낙엽
그 색감의 향연
울창한 가을의 숲도 아름답지만

불행하게 묻힌
내 인생을 돌아보게 하고
나름대로 가치를
일깨우게 해서
더욱 좋다

뜻을 이루기 위해
꽃다운 청춘의 목숨을 바친
선인의 상징이 있어

과거를 후회하고
안타까워하는 자신에게
한편으로는
부끄러움을 느끼게 하는 이곳이
더더욱 좋다.

마음이 교류

얼굴 한번 잠시 스친
그녀에게서 돌아서는 내 마음이 아프다

손끝 한번 잡지 않은
그녀에게서 멀어져가는 것이
허전하고 괴롭다
한때는 전철을 갈아타듯이
아무렇지도 않게
이쪽에서 저쪽으로
여인의 품속으로
옮겨 다녔는데

초로에 가까워져도
사랑이 뭔지 잘 모르는 나에게
그녀가 준 사랑을 느끼고

사랑으로 비롯된 마음의 교류가 있고
많은 사연이 있어
돌아서는 내 발길이 힘겹다.

고무나무

매일같이 드나드는
그 빌딩 로비에
커다란 고무나무가
있네요

고무나무는
주변의 공기를 맑게 하고
오래간다고 해요

나 자신의 이미지가
오랜 세월에 걸쳐
검고 어두운 기류가 되어 흘렀는데

언제부터인가
그대도 나를 닮아가고 추종해서

탁하고 검붉은 기운이
회오리바람처럼 주변에 감돌아
온몸이 휩싸였네요

오랜 기간 동안
서로 만나지를 못했는데

육체는 구속할 수 있어도
정신은 감금할 수 없어
마음이 흘러넘쳐
그 벽을 무너뜨리면
그대와 나의 미래를 위해
함께 고무나무를 심어요.

쓰레기 인생

지난날 한때
쓰레기 인생이 있었다

티브이도 신문도 라디오도 없고
가족도 친구도 여자도 없어

세수도 목욕도 머리 감기도 잘하지 않고
침대도 방바닥도 화장실도 방치하여

쓰레기는 아무 데나 던지고 휘저어
쓰레기더미 속에서 잠을 자고
때때로 살짝 빠져나왔다

세상이 나를 고립시키고
우둔한 수많은 동조자가 있어

핍박하는 세력에 자신도 견디기 힘들어
스스로도 고립을 자초했다

날씨도 육체도 마음도
너무 춥고 얼어붙어

힘들고 피곤에 지쳐
움직이기 싫었던
궁핍한 가난과 단절 그 고난의 세월
그러한 기억이 아직 남아있다.

어떤 시절

삶의 행복이
녹음이 울창한 여름 같은
푸르른 청춘에 집약되지 않더라도
그 시절의
가치와 의미의 연관성을 갖는다

내 인생의 많은 부분
그 시기만으로는
행복의 무게와 충족감이 부족한 결핍의 시절

하지만 내일에 영향을 미치고
메마른 가운데 맺은 결실의 결정체가 있다

섬세한 정서와 외모가
더 변해가기 전에

사랑을 누리며 완성하고
그 그림을 남기고 싶어
초조하게 기다리던 시절

완만한 내리막길처럼
뜨거운 햇살의 힘이 약해지는
석양 무렵처럼
서서히 다가가는 심신의 퇴화

그럼에도 불구하고 짧지만 의미 있고
또 다른 열매를 맺을 수 있는
빛나는 시절.

깊은 접속

내 일생의 대부분
제대로 된 깊은 인간관계가 없다
가족도 친구도 이성 관계에도

그 어떤 면에서는
좋은 대상을 찾아본 적도
노력해 본 적도 없다

이제 그대를 통해
단절되지 않는
진정한 접속을 하고 싶다

노력하고 싶다
현실도
사랑도

혈육도

엉겨 붙은 마지막 꿈처럼
몸속에 마음속에
깊은 문신처럼
관계를 축적하고 싶다.

잡식성

내 식성은 잡식성
사람이 먹는 것이라면
가리지 않고
절제가 힘겹다

내 여자관계도 잡식성
조심성과 심리적 거부반응
수면 아래 잠자는
동물적 야만성
탐구 욕구가 가미된 호기심 어린 육욕

오래된 기억 속을
가만히 헤집어 보면

그럴 수밖에 없다는

정신적 장벽에 숨어 저질러진
언덕에서 계곡으로 이어진
방황의 습작.

사촌 형

비극적인 가족사와
삶의 무게를 같이 짊어지고
성장해온 우리들

그간의 심리와 생활의 과정을 알기에
당신이 오십에 세상을 하직하였을 때
많이 슬펐습니다

인생의 여러 상황을
냉소적인 시각으로
독백하듯이 읊조리던
그 기억을
잊을 수가 없습니다

죽음을 두려워하지 않던

그 태도

생활에 배어들었는지

결국 먼저 갔습니다.

자살 충동

지나온 인생
그 심리적 표출 현상으로
자살 충동에 시달려왔는데

그 약점을 이용해서
자신들의 이익을 위해
죽음으로 몰아가 협박하는 세력이 있고

누군가는 지하철 구간에
스크린도어를 설치하여
나를 감싸준다

하지만 그 무엇보다도
굳건하게 나를 지탱해주는 것은
잘 다듬어지지 않아 투박하게 분출되는

언행의 그 아래
핏속에 흐르는 것

올바르고 좋을 길을 지향하는
포기할 줄 모르는
끈질긴 성향.

두량저수지

수년간 인연을 끊고
타인처럼 살아온 형제에게
어렵게 다가갈 때 그 주변을 서성거릴
두량저수지

통신 연락도 끊어져 마음도 끊어져
주거지를 알지도 못해
연고 있는 회사로 찾아왔는데

복잡한 심경을 가다듬으려고
오랜 전쟁에서 귀향한 병사처럼
주위를 서성거린 두량저수지

여유롭고 운치 있는 소나무 숲
주변의 풍경이 아름다워

새롭게 조성된 유원지

내 인맥의 행동반경처럼
그리 많지도 않은
철제구조물과 편의시설에
녹이 슬고 먼지만 켜켜이 쌓여 있다

연말이 되었는데
삭제한 전화번호처럼
형제를 정리할 수도 없어 찾아왔는데

언젠가 찾아온 적이 있는 이곳 존재감
두량저수지

가족도 그렇듯이
어디에 있어도 존재한다는 것은
인정할 수밖에 없다.

짝눈

오른쪽 눈에 핏줄이 터져
시야가 흐려졌다

천년을 살아갈 것처럼
행동하다가도
거무스레한 아지랑이처럼
시야가 번뜩거리면
계속해서 끊어져갈 다음 단계의 어떤 것
그 중간시점에서 때때로
마음이 머물러
잠시 생각하게 된다

선택도 포기도
사랑도 미움도
이미 끊어진 현실과

언젠가는 끊어져 갈 다양한 요소에 대한
심리적 균형
그 시각을 기준으로
살아가고 싶다.

기다림

지하에서 흐르는
가느다란 물줄기처럼
언제부터인지
그 뿌리를 알 수 없는
기다림

바람이 불면
휩쓸려 떠다니는
가벼운 검불처럼
방황하던 시절을 지나

지난날을 씻어내고
생존이 힘겨운 사막 같은
이곳 이 길을
또 십 년간

지친 발걸음으로 누군가를 기다려 왔는데

눈에 보이는 것은
환영과도 같아
침묵의 몸짓

앞으로 나아갈 수 없고
돌아갈 수도 없는 현실에서
나를 이곳까지 실어온
야속한 세월이 원망스럽다.

소망

소망으로 오세요
그대에게 소망이 있으면
이곳으로 오세요

꿈을 간직하고 겪어온
고독과 상처와 시련
그 깊이가 깊고 기간이 오래일수록
소망도 그만큼 강력한 것이며
실현은 더욱 빛난다

오랜 세월
소망을 가슴 속에 품고
끊임없이 노력하고 기원하며
마음을 정진하여
창조적 구상하기 좋은 곳

소망으로 오세요

꿈과 사랑의 소망을 안고
이곳에서 만나요.

편지쓰기

기업은행 주차구역 가장자리
겨울 햇살을 받으며
글을 쓴다

화단 스텐드 위에
문구 봉투를 올려놓고 그녀에게
글을 쓴다

좋은 장소보다 형식적인 것보다
사랑의 깊은 마음을
잘 표현하고
아름다운 사랑의 방식을
잘 전달하는 것이 중요한 것

주소도 없고

통신 수단이 없어
전달할 수 있는 곳 찾아가려고
그녀에게 편지를 쓴다

마음을 잘 열어
매끄럽게 전개하는 것도
더없이 중요하므로
어느 곳이든지 그녀에게 글을 쓰는
이 마음이
신성하게 느껴졌다

사랑하기 때문에
쓰게 된 이 글
아름다운 마음에 심취하게 되어
더없이 행복하다.

뚝섬유원지

사랑하는 그녀가 사는 지역과
가까운 곳에 있으면
좋은 생각과 에너지가
샘솟는 듯하다

그녀가 사는 곳에서
그리 멀지 않은 이곳 뚝섬유원지

여기에서 가까운 곳에 거주하던 청년기에
편안한 복장으로

많은 시간을 흘려보냈던 그때의 기억이 새롭다
고가로 이어진 역
거대한 튜브형 역사 연결 통로와
인접 부대시설이

복합 우주 정거장처럼
형태가 특이하다

여유롭게 쉴 수 있는 공간과 레저시설도 좋지만
가을비는 뿌리는데 부담스럽지가 않고
아직 덜 자란 수목들과
날렵한 느낌의 은빛 나무가
이채롭다

대여소에서 자전거를 빌려
가랑비는 맞아도 좋아

바람을 가르며
한강변을 따라
생태 숲 지역을 지나

그녀의 숨결을 느낄 수 있는
옥수동 지역까지
다가갔다가

돌아왔다.

나의 시

일생의 대부분을
달콤하고 다정한 사랑의 말을
진정으로 전할
대상을 갖지 못하고

내면의 감성이
자연스럽게 흘러나올 수 있도록 할
좋은 대화의 상대를
찾지 못한 것에 대하여

어느 일부분
충족하고 싶은 마음이 있어
표현하고 싶은 마음이 있어
시를 쓴다.

제3장 사랑

유리벽 사랑

십오 년 전 방송에 출연하던
생면부지의 대상을
이 년간 추적했지만 만나지도 못하고

단 한 번 얼굴을 스친 여인에게
주위를 배회하면서
사랑의 마음을 보냈지만
또 그 기간만큼
세월만 흘러갔네요

수십 년간 살아온 부부도
언덕 위 나무에서
차가운 바람에 휘말려
떨어지는 낙엽처럼
어디론가 흩어지는데

다가갈 수가 없어
만남도 헤어짐도 서로를 탓할 수 없는
유리벽 사랑.

이별의 강

새로운 길은 필요에 의해 만들어지거나
자연스럽게 형성되고
그 길은 제각기 의미를 갖거나
효용 가치를 지닌다

누군가에 의해
주변에 새길이 생기고
그대와 나 사이에도
보이지 않는 강이
흐르고 있다

우리가 서로
건널 수가 있거나 없거나
존재하는
이별의 강.

노을빛 사랑

육체적 정열이
약간 감소한 사랑

인생의 무개성은
중첩이 되고
한편으로 엷어졌지만
기억도 많아
조금 다양해지고
가중된 사랑

우리들 사랑의 길

그 마음의 디자인으로
착색하면서
내일로 가자고요.

사랑과 미움

내 인생은 사랑을 받은 기억보다
무심하거나
미움을 받은 기억이
더 많다

하지만
산속에 핀 꽃처럼
잘 보이지 않는 곳에서
소중한 사랑은 준
그대들이 있어
행복하다

삶의 과정에는
음지와 양지
굴곡이 있게 마련이고

나에게 준
그 사랑은
오래도록 기억하며
미움과 시련을 견디고
극복해 가는
고갈되지 않는
에너지원.

디큐브공원

처음 이곳을 찾았을 때

내 인생의 지난한 과거처럼
오랜 기간에 걸쳐 공사 중으로
황량했던 이곳

공원이 완성된 지금
너무나 아름답다

서로 다른 부분의 아름다운 복합결정체
그 변화와 조화의 구성으로 조합된
이곳 디큐브

섬광처럼 번쩍이는
우리 인생의 극적인 순간

결정적인 순간

그 아름다운 절정의 순간들처럼
빼어난 조각들의 집합체와 같은
꿈꾸며 실천하는 삶의 과정
그 드라마 디큐브

언젠가는
내 인생의 단면과도 같은
빛나는 의미를 가진 이곳에서
그대에게
뜨겁고 깊은
사랑의 말을 전하고 싶다.

늦은 사랑

원색이 있으면
파스텔 톤 색조도 있다
육체적인 사랑이 있으며
정신적인 사랑도 있다

아직은 모든 것을 아우를 수 있는
조금 늦은 사랑

나이 많은 미혼 커플을 바라보면
슬퍼진다는데

서로의 현재와 과거에 대해
전부를 알게 되면 더 슬퍼질
우리의 늦은 사랑

부분적인 일면만을 전부라고 말할 수도 없고
오랜 기간만이 중요하다고 말할 수도 없는
인간에게 소중한 그 무엇
사랑의 문제

그 누구에게도
결코 권장하고 싶지는 않지만

어쩔 수 없는 내 운명
조금 늦은 사랑

지난 일은 돌이킬 수 없는 것
현재의 시점에서
아름다운 사랑의 꽃을
피우고 싶다.

사랑의 구도

현실감이 부족해
쉽게 다가가지 못하지만

그대의 존재를 가까이 느꼈을 때

현재의 시점에
서로의 심리적인 조각과 구도가
깨트려 나누어 가진 징표처럼
잘 맞는 것 같다고
생각했어요

조금 늦었지만
물러설 수 없는
절박한 타이밍
좋은 구도

우리 서로의 상처 때문에
과거에 혼을 빼앗기는
아귀가 되지 말고
사랑의 구조물을 만들어 가는
창조자가 되어요.

사랑의 합병

애초에 그대가
사랑스러운 대상이 아니었다면
주시하지 않았을 것에요

그대는 여러 관점에서
매력적인 사람

서로의 부족한 부분
결함을 채우기 위해
사랑의 이름으로 합병해요

우리의 입장
변화의 요인이 많아
포괄적 협상이 필요해요

사랑의 구도
업무의 관심 부문
사랑도 업무도
합병을 추구해요.

메모와 사랑

생각과 감성의 파편
그 메모들이 곳곳에 숨어 있다

서랍
봉투
지갑
책

하나의 완성품으로
좋은 재료가 될 듯한
걱정 수준 기대에 미치지 못하면
아무렇게 굴러다니거나
버려진다

나를 좋아하는

주변의 그녀들
쉽게 다가갈 수도 없어
좋은 구도와 조화
아름다운 그림 형태로 느껴지지 않으면
움직이기 어려운 것은
어쩔 수 없다.

프러포즈

잠 못 이루어 뒤척이는 밤에
전신이 물컹거리는 듯
삐걱거리는 듯해요

바쁜 일 있어 조금 뛰면
숨이 가쁘고
다리뼈에 구멍이 숭숭
뚫린 것처럼 느껴져요

이 겨울이 가면
봄은 오겠지만
반갑기만 한
어제의 봄이 아니라네요

몸통

머리통
사랑의 마음도
바람 든 무처럼
부석거리는 때가 오기 전에
그대여
내게로 빨리 와요.

사랑의 연대

다리는 골절되고
날개는 찢겨
해안가에 떠밀려온 지친 새처럼
힘겨운 나

당당한 햇살 아래
거침없는 길을 걸어갔지만
조심스럽고 외로운 선택
사랑의 상처를 남기고
돌아온 그대

결핍의 요소가 있어
무언가를 고대하던 우리에게
절실히 필요한 사랑의 연대

생존의 치열한 싸움에서
사랑을 위해
생존을 위해
빛나는 꿈을 위해 함께 해야 할 사랑의 연대

굳건하게 사랑을 이어가야 할 우리
사랑의 연대.

함께할 사람

사업적인 경제 관계로
십 년간에 걸칠
끈질긴 밀어내기에 지쳐
어렵게 버티고 있는데

당신은 나와 함께할 사람
능력과 토대가 있고
사랑의 지향성이 좋아
일도 사랑도 함께해요

사랑과 가족의 문제이거나
사업적인 것이거나
우리가 어떤 계기로
어려운 상황에 처한다 하더라도
결코 물러서지 않겠어요

포기할 수 없는 일
절대 포기할 수 없는 사랑
우리 함께 해요.

사랑의 조건

사랑이 없는
조건으로 이루어진 연분이라면
공허한 짜 맞추기 조합에 불과하다

능력의 발현성과 의미가 있는
조건의 접속이 있는 사랑은
그 사랑의 결속을
더욱 강하게 한다

그대와 나

다각적이고 전체적인 조합의 그림은
불균형의 조화와
이질적 측면이 있어도

공생관계의 서로 다른 모습
그 결합의 형태처럼
사랑의 보완성과 흡입 관계가
합치한다는 느낌이 있었어요

우리의 실질적인 결합 그 상승효과
선입관과 고정적인 인식의 바로 보기

부가적인 요소를 덧붙여
풍성하고 빛나게 하는
사랑의 조건성
그 가능성의 측변이 있어
더욱 좋다.

사랑에 대한 시선

깨트릴 수 없는
절대적인 그 무엇 하나가 아니라면
주변의 시선과 손길에
기대어 갈 수도 있다네

우리는 움츠러들 필요 없는
따뜻한 시선 속에 있어요

조금 늦었지만
빛나는 커플로 서 있어
망설일 필요가 없어요

화려하게 드러내거나
나설 필요도 없지만

위축될 필요도 없어
당당하게 거리로 나아가요.

후기

시인 서용원(필명 서청영원)입니다.

저는 출판사를 하지 않겠습니다.

날개, 2, 3권의 절판 후 계속해서 출간한 출판사에서는 인세를 지급해 주시기를 간곡하게 부탁합니다.

서청영원